THIERRY BEAUDE

JE DESSINE

DES MINI-MANGAS

VIGOT

Parus dans la même collection :

Je dessine des animaux de la ferme, T. Beaudenon
Je dessine des chevaux, T. Beaudenon
Je dessine des animaux sauvages, T. Beaudenon
Je dessine des voitures, P. Rodriguez
Je dessine des dinosaures, P. Rodriguez
Je dessine des mangas, T. Beaudenon
Je dessine des mangamon, T. Beaudenon
Je dessine des pin-up, T. Beaudenon
Je dessine des héros rigolos, T. Beaudenon
Je dessine des super-héros, T. Beaudenon
Je dessine des héros fantasy, T. Beaudenon
Je dessine des créatures fantastiques, F. Ferracci
Je dessine des bébés animaux, T. Beaudenon
Je dessine des vampires, T. Beaudenon
Je dessine des chiens, P. Rodriguez
Je dessine des princesses et des fées, T. Beaudenon
Je dessine des animaux marins, T. Beaudenon
Je dessine des avions, T. Beaudenon
Je dessine des camions et des engins, T. Beaudenon
Je dessine des robots, T. Beaudenon

Édition originale
Illustrations originales de Thierry Beaudenon

Dépôt légal : janvier 2007 – ISBN : 978-2-7114-1900-5
Imprimé en Slovaquie par Polygraf Print, mai 2016.

MINI MANGAS

DANS LE MONDE MAGIQUE DES MANGAS, IL EXISTE DES PERSONNAGES BIEN PARTICULIERS, APPELÉS "CHIBI" AU JAPON, TERME QU'ON TRADUIT PAR "AVORTON" EN FRANÇAIS. MAIS, NE VOUS Y TROMPEZ PAS, ILS SONT PLUS MIGNONS QUE CE TERME NE LE LAISSE SUPPOSER !

LE CHIBI, OU MINI MANGA, EST LA VERSION JEUNE, VOIRE BÉBÉ, D'UN HÉROS MANGA TRÈS MALICIEUX. IL SE CARACTÉRISE PAR UNE STYLISATION DE SON ANATOMIE ; SA TÊTE EST AUSSI GROSSE QUE SON CORPS, ET SES MEMBRES SONT À PEINE DÉVELOPPÉS.

LE MINI MANGA A DE GRANDS YEUX ET PREND DES POSTURES TRÈS EXPRESSIVES, PARFOIS EXAGÉRÉES, CAR IL EXPRIMERA CE QUE PENSE VÉRITABLEMENT LE PERSONNAGE ; IL PEUT, PAR EXEMPLE, INCARNER SA COLÈRE INTÉRIEURE ET SE MANIFESTER PAR DE MAUVAISES ACTIONS !

POUR FACILITER LA CRÉATION DES PERSONNAGES, NOUS ALLONS NOUS INSPIRER DE CERTAINS HÉROS D'UN OUVRAGE PRÉCÉDENT, "JE DESSINE DES MANGAS".

TU TROUVERAS AUSSI QUELQUES INÉDITS POUR COMPLÉTER LA GALERIE.

T.B.

DES PROPORTIONS TROP MIGNONNES !

LES PROPORTIONS SONT ASSEZ SIMPLES POUR UN MINI MANGA :
UNE GROSSE TÊTE SUR UN PETIT CORPS !
LE CORPS EST CONSTITUÉ DE MEMBRES AUX FORMES ARRONDIES, ASPECT ESSENTIEL POUR UN RENDU MIGNON ET CRAQUANT !

UN VISAGE DE POUPON

LA TÊTE S'INSCRIT DANS UN CERCLE AUQUEL ON AJOUTE UNE FORME OVOÏDE À LA BASE POUR FIGURER LE MENTON. TRACE UNE LIGNE AUX DEUX TIERS ENVIRON, AFIN DE PLACER LES DEUX OVALES POUR LES YEUX. UN TRIANGLE SOUS LE NEZ FIGURERA LA BOUCHE.

DES MAINS DE BÉBÉ

LE DESSIN DES MAINS EST TRÈS SIMPLE : ON PART D'UNE FORME RONDE, PUIS ON AJOUTE LES DOIGTS EN FORME DE PETIT CÔNES ARRONDIS. PARFOIS ON JOINT LES DOIGTS DU CENTRE POUR DONNER UN ASPECT PLUS STYLISÉ ET MIGNON.

UNE CONSTRUCTION FACILE !

VOICI LA MÉTHODE QUE TU RETROUVERAS DANS CET OUVRAGE
POUR CONSTRUIRE TON PERSONNAGE.
IL SUFFIT DE 7 ÉTAPES SIMPLES ET EFFICACES !
AVEC LE TEMPS ET L'EXPÉRIENCE, TU DÉCOUVRIRAS QUE TU PEUX PASSER
RAPIDEMENT DE 7 À 5, PUIS À 3 ÉTAPES.

BON EXERCICE !

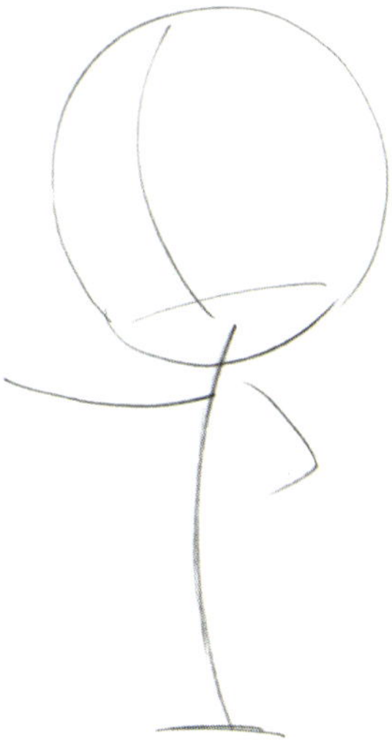

1-ESQUISSE DE LA POSE

2-MISE EN VOLUMES

3-PLACEMENT DES YEUX ET DE LA BOUCHE. ESQUISSE DE LA CHEVELURE

4-DÉTAILS DES YEUX, ÉBAUCHE DES VÊTEMENTS

5-FINALISATION DES DÉTAILS

6-MISE AU NOIR

7-MISE EN COULEUR

1
2
3
4

5

6

7

EN ROUTE
POUR L'ÉCOLE !

1
2
3
4

UNE PETITE
FILLE JOYEUSE

1
2
3
4

5

6

7

DEUX AMIS
INSÉPARABLES

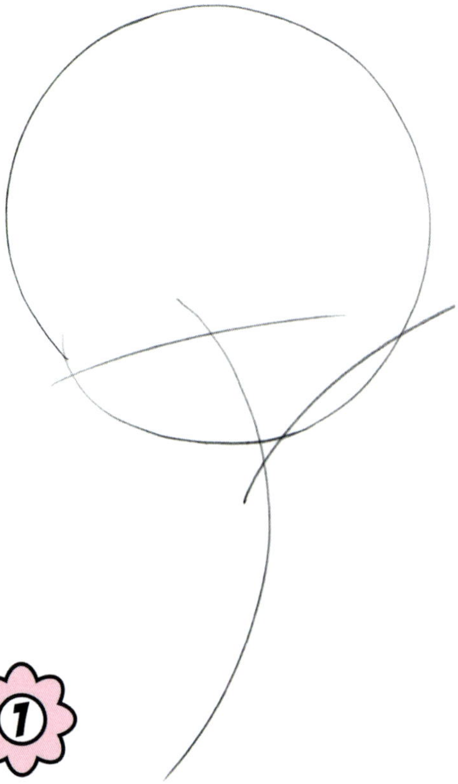

1

2

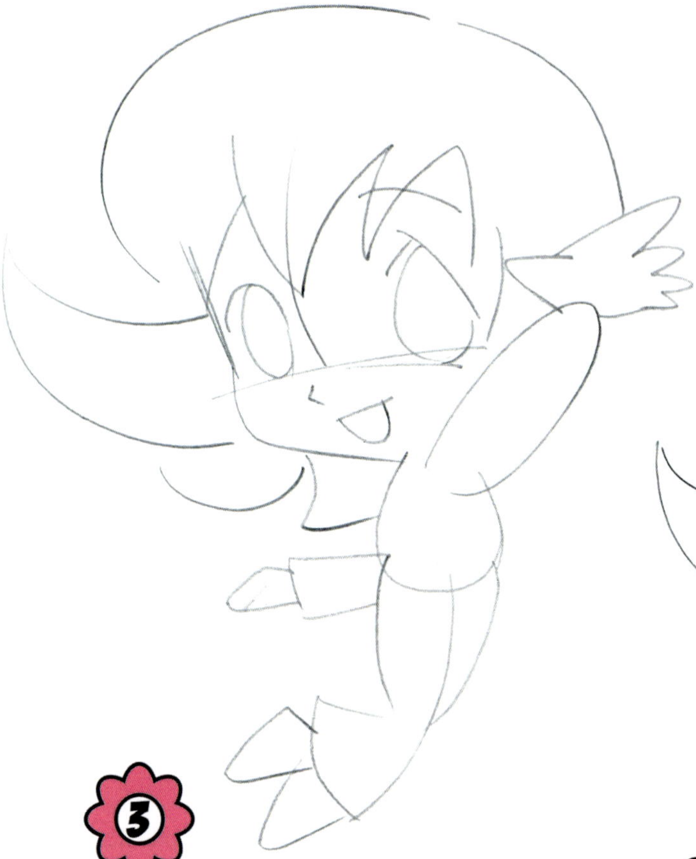

3

4

LA DANSEUSE
DU VENT

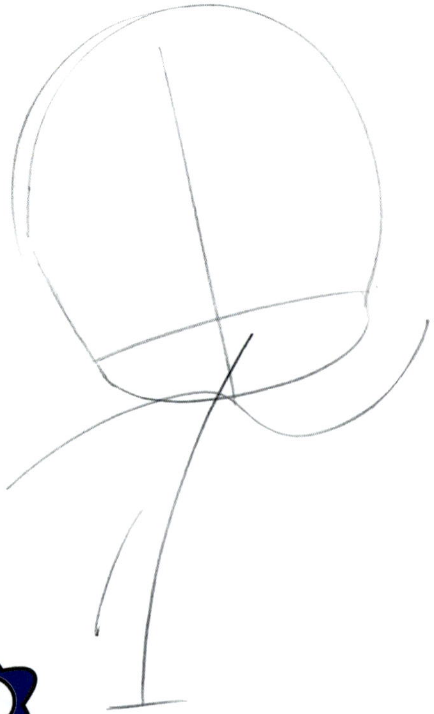

1

2

3

4

EN AVANT POUR L'AVENTURE !

1

2

3

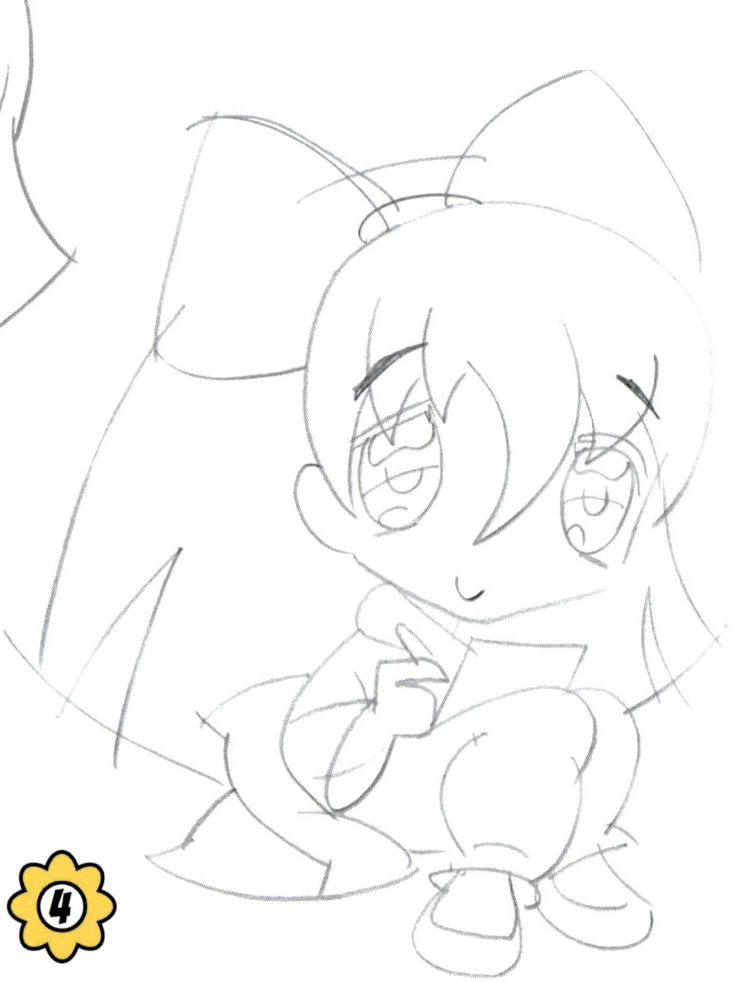

4

5

6

7

LA PETITE FILLE SAGE

1

2

3

4

5

6

7

LE PETIT SKATEUR

1
2
3
4

5

6

7

UNE PATINEUSE
À CROQUER

1

2

3

4

5

6

7
TOUT SCHUSSSS

1
2
3
4

5

6

7

LA TIMIDE

1

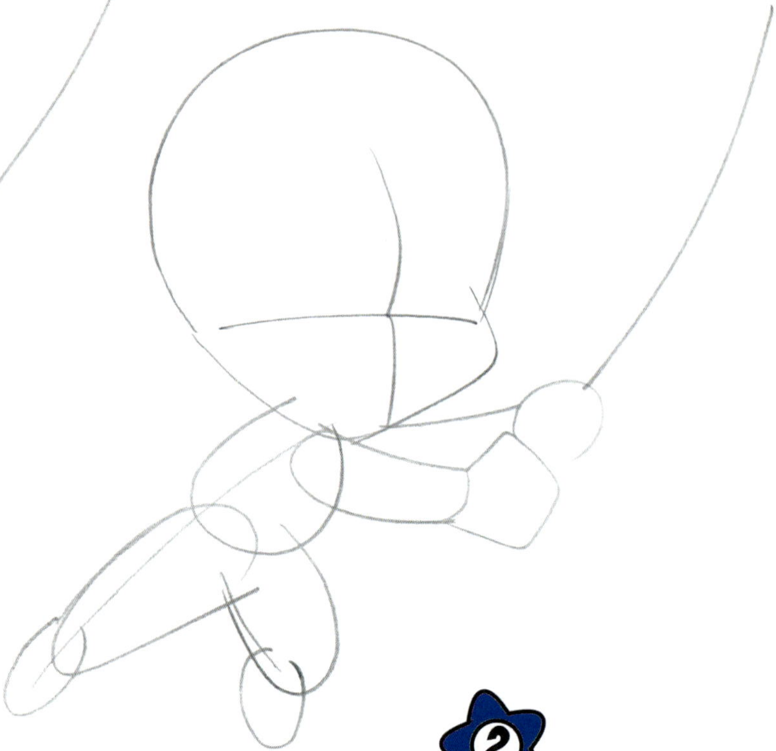

2

3

4

5

6

EN GARDE !
7

1

2

3

4

5

6

7

LA FILLETTE CHAT

1
2
3
4

5

6

QUEL PUNCH !

7

1

2

3

4

5

6

7

LA PETITE ELFE

1

2

3

4

PRÊT POUR L'ESPACE !

1
2
3
4

5

6

7

LA FÉE DES BOIS

1
2
3
4

5

6

LE PRINCE
DU KARATÉ

7

1
2
3
4

À L'ABORDAGE !

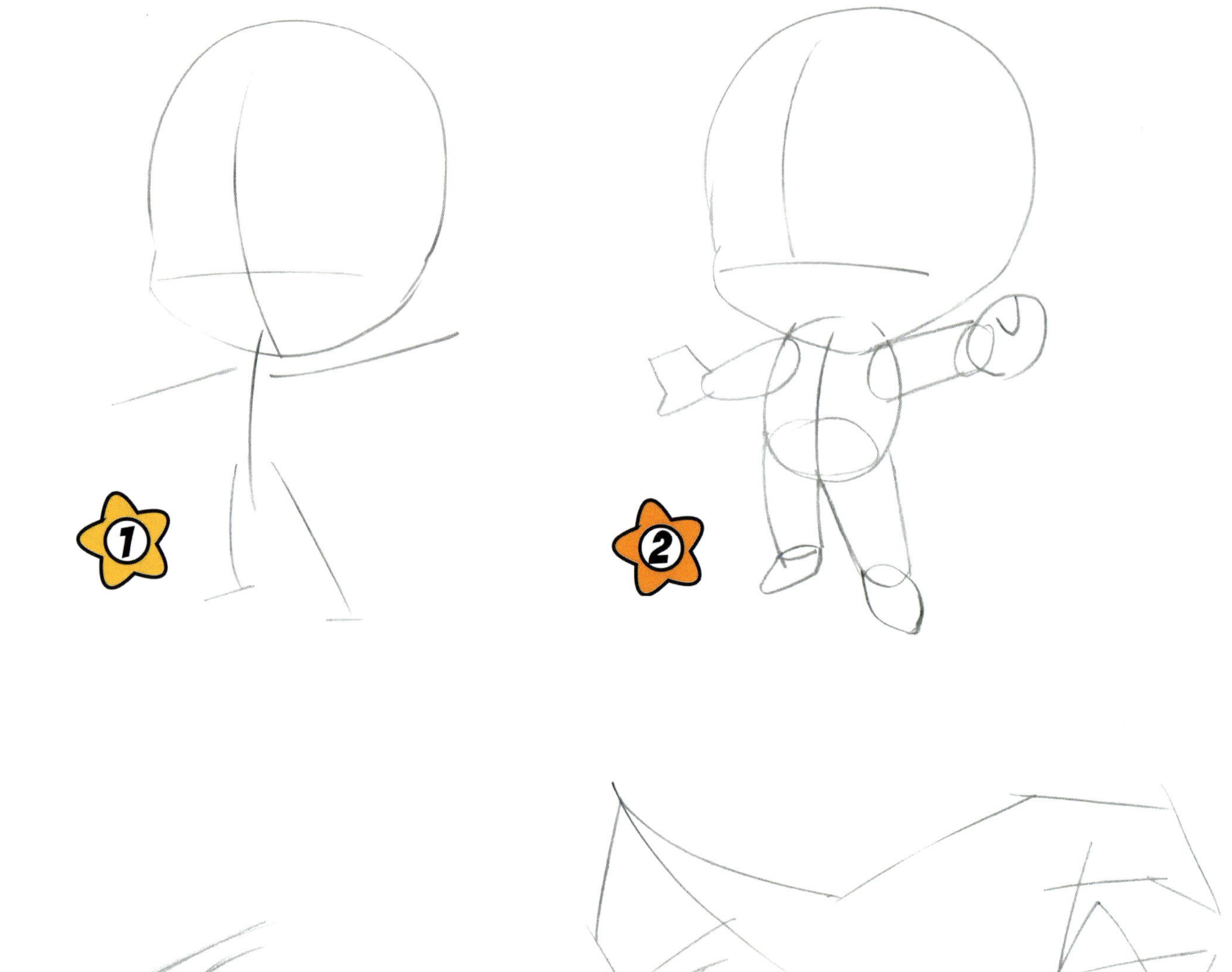
1
2
3
4

5

6

7

LE MAGICIEN
MALIN

1
2
3
4

LE CHEVALIER TRIOMPHANT

1
2
3
4

5

6

LE MINI ROBOT VOLANT

7

À BIENTÔT POUR
DE NOUVEAUX DESSINS !